ERP-spezifische Wirtschaftlichkeitsbetrachtungen. Nutzen von ERP-Systemen

Angelika Valerie Lapidus

Bibliografische Information der Deutschen Nationalbibliothek:

Die Deutsche Nationalbibliothek verzeichnet diese Publikation in der Deutschen Nationalbibliografie; detaillierte bibliografische Daten sind im Internet über http://dnb.d-nb.de abrufbar.

ISBN: 9783346666970
Dieses Buch ist auch als E-Book erhältlich.

© GRIN Publishing GmbH
Nymphenburger Straße 86
80636 München

Druck und Bindung: Books on Demand GmbH, Norderstedt Germany
Gedruckt auf säurefreiem Papier aus verantwortungsvollen Quellen

Das vorliegende Werk wurde sorgfältig erarbeitet. Dennoch übernehmen Autoren und Verlag für die Richtigkeit von Angaben, Hinweisen, Links und Ratschlägen sowie eventuelle Druckfehler keine Haftung.

Das Buch bei GRIN: https://www.grin.com/document/1243341

NBS Northern Business School

Grundlagen SAP

SoSe 2019

ERP-spezifische Wirtschaftlichkeitsbetrachtungen: Nutzen von ERP-Systemen

Angelika Valerie Lapidus

Abgabedatum: 31.08.2019

Inhalt

Abkürzungsverzeichnis

ABAP	Advanced Business Application Programming
BPR	Business Process Reengineering
CO	Controlling
CRM	Customer Relationship Management
DBMS	Datenbankmanagementsystem
EDI	Electronic Data Interchange
ERP	Enterprise Resource Planning
ESS	Emplee Self Services
F&E	Forschung und Entwicklung
HR	Human Resources
IT	Informationstechnologie
MRP	Material Requirement Planning
MRP II	Manufacturing Resource Planning
PPS	Produktionsplanung und –steuerung
QM	Qualitätsmanagement
SAP	Systeme, Anwendungen, Produkte
SCM	Supply Chain Management
SRM	Supplier Relationship Management

Abbildungsverzeichnis

1. Einleitung

1.1 Problemstellung

Enterprise Resource Planning (ERP) Systeme werden von zahlreichen Unternehmen als Herzstück im Gebiet der Informationstechnologie (IT) betrachtet. Unternehmen haben seit den frühen 1990er Jahren ihre IT-Strategie umgestellt. Die meisten Großunternehmen sind von der Eigenentwicklung betrieblicher Anwendungssysteme dazu übergegangen Standardsoftware wie z. B. ERP-Systeme zu kaufen. Diese Softwarepakete bilden einen signifikanten Teil der wirtschaftlichen Prozesse ab und ermöglichen somit eine technische und prozessuale Integration aller relevanten Geschäftsbereiche eines Unternehmens. Neben dem Kostenoptimierungspotenzial wird dies als einer der wichtigsten Treiber für die Implementierung von ERP-Systemen betrachtet.

Für die erfolgreiche Einführung einer solchen Software bedarf es einer strukturierten und kontrollierten Vorgehensweise, da die Etablierung eine hohe Komplexität aufweist. Die unternehmensweite Implementierung stellt eine erhebliche organisatorische Herausforderung für ein Unternehmen dar, da die innerbetrieblichen Prozesse stark vom jeweils eingesetzten Informationssystem beeinflusst werden. Demnach erweist sich die Implementierung oftmals als sehr kompliziert, langwierig und teuer.[1]

Berücksichtigt man den signifikanten Aufwand, welcher mit der Einführung eines ERP-Systems einhergeht, so muss in diesem Konnex hinterfragt werden, welchen Nutzen dieses System einem Unternehmen schafft und inwiefern dieser maximiert werden kann. Der Nutzen von ERP-Systemen muss demnach unabhängig von den mit der Implementierung verbundenen Problematiken quantifiziert werden, damit das Potenzial der Zielerreichung auf der geschäftlichen Ebene ganzheitlich bestimmt werden kann.

Diese wissenschaftliche Arbeit widmet sich dem Nutzen von ERP-Systemen und geht konkret auf die Fragestellung ein, inwiefern der Nutzen von ERP-Systemen systematisiert und maximiert werden kann. Hierfür wird der Nutzen anhand von definierten Zielkategorien den Kosten gegenübergestellt, wobei die Kosten nicht konkretisiert werden und lediglich stark pauschalisiert wiedergegeben werden. Ferner sollen Ansätze vermittelt werden, um den Nutzen einer ERP-Software zu steigern. Das Problemfeld der Implementierung von ERP-Systemen wird, aufgrund des Umfangs der Arbeit, nicht näher betrachtet.

Die Aussagekraft der Ergebnisse dieser wissenschaftlichen Arbeit ist weiterhin in ihrer Allgemeingültigkeit zu relativieren. Die Befunde des praktischen Forschungsteils basie-

---

[1] Vgl. Davenport (1998), S. 122.

ren auf dem ERP-System von dem Unternehmen SAP SE, welches als repräsentatives Beispiel angenommen wurde.

1.2 Gang der Untersuchung

Die vorliegende wissenschaftliche Arbeit ist in fünf Kapitel untergliedert.

Um der Untersuchung eine Rahmung zu geben, werden im einleitenden ersten Kapitel zunächst die Forschungsmaterie sowie die Zielsetzungen dieser Arbeit präsentiert. Im folgenden zweiten Kapitel werden die theoretischen Grundlagen zum ERP-System manifestiert, welche die Fundierung für diese Arbeit darstellen.

Dazu wird die historische Entwicklung von ERP-Systemen extensiv dargelegt, wobei eine definitorische Abgrenzung des Begriffs hierbei inkludiert ist. Anschließend werden die zentralen technischen Merkmale von ERP-Systemen dargeboten. Hierbei wird zunächst die Standardisierung von der Integration abgegrenzt und darauf folgend ein Überblick zum modularen Aufbau wiedergegeben, um ein besseres Verständnis über das ERP-System zu vermitteln. Als Konsequenz der Einführung des Systems wird ebenfalls am Ende des Kapitels der organisatorische Wandel dargestellt.

Kapitel drei geht der konkreten Motivation beim Einsatz von ERP-Systemen innerhalb von Unternehmen nach. Hierbei werden die Ziele bei dem Einsatz von einem solchen System hinterfragt, um anschließend die Chancen und Risiken bei dem Betrieb und der Implementierung eines solchen Systems miteinander abwägen zu können. In Vorbereitung auf das nachfolgende Kapitel wird abschließend der allgemeine Nutzen von ERP-Systemen dargelegt, um es im weiteren Verlauf der Arbeit stärker konkretisieren zu können.

In Kapitel vier wird die praktische Anwendung einer ERP-Software an einem konkreten Beispiel vorgestellt. Anhand des Unternehmens SAP SE soll der Nutzen von ERP-Systemen systematisiert und plausibilisiert werden. Nach einem zusammenfassenden Überblick zur Vermittlung eines grundlegenden Verständnisses über die Software, setzt sich dieses Kapitel mit der Beantwortung der Leitfrage auseinander und differenziert das konkrete Nutzenpotenzial des ERP-Systems von dem Unternehmen SAP.

Den Abschluss dieser Arbeit bildet Kapitel fünf. Es zeigt zur Konklusion den theoretischen und praktischen Erkenntnisbeitrag der Arbeit auf sowie Präsumtionen für zukünftige Entwicklungen hinsichtlich der Relevanz von ERP-Systemen für Unternehmen und Forschung.

2. Enterprise Resource Planning Systeme

2.1 Historische Entwicklung und Begriffsdefinition

Innerhalb der historischen Betrachtung ist das *Enterprise Resource Planning* aus den Programmen für die Produktionsplanung und –steuerung (PPS) hervorgegangen. Das ERP stellt die aktuellste Stufe der Weiterentwicklung des *Material Requirement Planning* (MRP) und dessen Fortführung zum *Manufacturing Resource Planning* (MRP II) dar.[2]

Somit ist der Ursprung von ERP-Systemen bis in die sechziger Jahre zurückzuverfolgen, als innerhalb von PPS-Systemen die ersten Funktionen von einzelnen Materialwirtschaftskonzepten automatisiert und unter dem Akronym MRP zusammengefasst wurden. Die kontinuierliche Erweiterung der Materialbedarfsplanung um additionale, mit der Produktion integrierte Funktionen und Ressourcen resultierte in den Achtzigerjahren in der Termin- und Kapazitätsplanung, welche mithilfe der Datenverarbeitung bzw. unter Einbindung eines Computers erfolgte. Diese Entwicklungsstufe wurde als MRP II definiert und fokussiert sich hierbei genauso wie MRP auf einzelne Aufgabenbereiche und stellt diese in den Vordergrund.[3]

In den neunziger Jahren erfolgte, ausgelöst durch die vermehrte Geschäftsprozessorientierung und –optimierung, auch eine Modifikation innerhalb der Konzeption der unterstützenden Informationssysteme. Dieses Konzept entwickelte sich weg von einem aufgabenorientierten Konzept hin zu einer aufgabenübergreifenden Methodik. Auch die Idee hinter dem ERP-System greift diese weiterentwickelte Konzeption auf und bewertet demnach alle unternehmensinternen Ressourcen, die für die Betriebsabläufe und die Geschäftstätigkeit eines Unternehmens notwendig sind wie etwa Kapital, Personal, Betriebsmittel und Informationen. Im direkten Vergleich mit MRP II ist der Funktionsumfang durch die Einbindung der Produktion mit weiteren Funktionsbereichen aus der ehemaligen Planung der Geschäftsabläufe um Kontroll- und Steuerungsaufgaben erweitert. Im Konnex der Integration von Funktionsbereichen muss auch die Erweiterung des Systems um das Rechnungs- und Personalwesen erwähnt werden.[4]

Basierend auf der zuvor erläuterten historischen Entwicklung, lässt sich das ERP-System folgendermaßen definitorisch Abgrenzen:

„Ein ERP-System umfasst die Verwaltung aller zur Durchführung der Geschäftsprozesse notwendigen Informationen über die Ressourcen Material, Personal, Kapazitäten, Finanzen und Information."[5] Damit eine Software als ERP-System charakterisiert wer-

---

[2] Vgl. Gronau (2010), S. 3.
[3] Vgl. Wight (1984), S. 51.
[4] Vgl. Kurbel (2010), S. 2.
[5] Gronau (2010), S. 4.

den kann, muss die Integration von mindestens drei der erwähnten Ressourcen gegeben sein.

Die Unterstützung der operativen Prozesse umfasst hauptsächlich die nachfolgenden Kernfunktionen: Controlling (CO), Marketing, Materialwirtschaft, Finanz- und Rechnungswesen, Forschung und Entwicklung (F&E), Personalwesen (HR), Produktion, Vertrieb, Qualitätsmanagement (QM) und die Stammdatenverwaltung. Charakteristisch für ERP-Systeme ist die Integration der diversen Aufgaben, Daten und Funktionen in einem gemeinsamen Informationssystem mit einer zentralisierten Datenhaltung, welche zur Vermeidung von Datenredundanzen und zur Integration von Geschäftsprozessen beiträgt.[6]

In Abbildung 1 ist der historische Abriss von ERP-Systemen grafisch zusammengefasst.

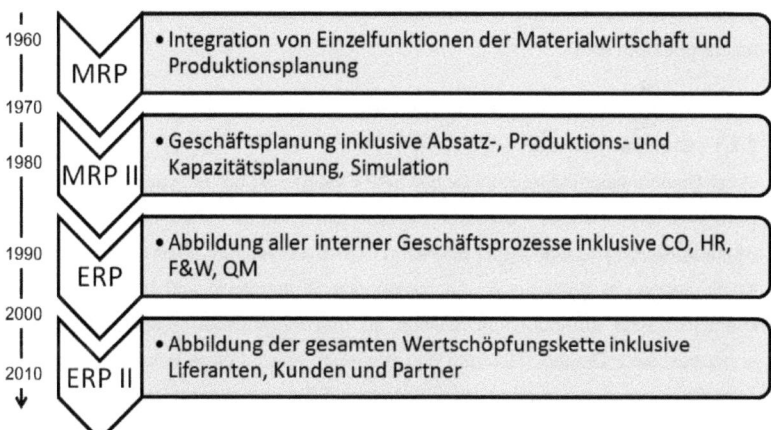

Abbildung 1: Historische Entwicklung von ERP-Systemen.[7]

Ähnlich zum Übergang vom MRP zum MRP II hat sich eine neue Generation von ERP-Systemen nach der Jahrtausendwende entwickelt, welche unter dem Begriff ERP II zu klassifizieren ist. ERP-II-Systeme versetzen zunehmend ihren Schwerpunkt von den internen Geschäftsprozessen auf die komplette Wertschöpfungskette eines Unternehmens. Dadurch gewinnen primär zwischenbetriebliche Prozesse wie das *Supply Chain Management* (SCM) auf Zuliefererseite sowie das *Customer Relationship Management* (CRM) auf Kundenseite an Bedeutung. Darüber hinaus wird zunächst die Produktions- und Handelsbranche als abgegrenzte Zielgruppe auf alle Branchen erweitert, wobei zu berücksichtigen ist, dass der Funktionsumfang sowohl fundamentale als auch branchenspezifische Prozesse inkludieren soll. Die Architektur bzw. das Modell von ERP-

---

[6] Vgl. Gronau (2010), S. 5.
[7] Eigene Darstellung in Anlehnung an Grupta et al. (2008).

4

Systemen reflektiert die Kooperation mit externen Partnern sowie die Integration externer Daten. Bisher fundierte das System auf einem geschlossenen und monolithischen Ansatz, jedoch transformiert es sich zunehmend zu einer offenen und komponentenbasierten Modell, bei dem die Daten gleichermaßen intern als auch extern nachgefragt und verteilt werden. Sowohl in der Praxis als auch in der Forschung muss man an dieser Stelle berücksichtigen, dass sich der Begriff ERP-II-System bislang nicht durchsetzen konnte und es eher unwahrscheinlich ist, dass sich dies in Zukunft ändern wird. Nichtsdestotrotz sind moderne ERP-Systeme in der Lage die offenen und betriebsübergreifenden Systemeigenschaften zu adaptieren.[8]

Die in diesem Kapitel behandelte Entwicklung von ERP-Systemen soll an dieser Stelle die Komplexität moderner ERP-Systeme illustrieren und ein grundlegendes Verständnis zur Thematik vermitteln. Innerhalb dieser Arbeit wird ERP und ERP II in Übereinstimmung mit der Forschung nicht weiter differenziert, sodass keine Unterscheidung beider getroffen wird.

2.2 Zentrale technische Merkmale

2.2.1 Standardisierung

Unter Standardisierung im Konnex der ERP-Systeme ist der Einsatz der gleichen Software in unterschiedlichen Unternehmen und Branchen zu verstehen. Um eine solche Standardisierung zu realisieren, offerieren ERP-Systeme zum einen die Möglichkeit der Konfiguration der Software an die vorliegende Organisation und zum anderen branchenspezifische Komponenten, welche an den individuellen Branchenbedürfnissen angepasst sind. Demnach werden den Betrieben sowohl generische als auch spezifische Standardprozesse angeboten, welche auf die unternehmensinternen Gegebenheiten zugeschnitten werden können.[9]

Während eine Individualsoftware sich strikt auf die betriebsspezifischen Abläufe eines einzelnen Unternehmens ausrichtet, ist bei der Entwicklung einer Standardsoftware die Flexibilität und die Universalität das Hauptaugenmerk. Eine derartige Flexibilisierung kann nur durch die Bereitstellung einer mannigfaltigen Variantenvielfalt an optionalen Geschäftsprozessbausteinen zur Einstellung, Erweiterung und Anpassung des Systems realisiert werden. Damit einhergehend verbunden ist oftmals auch eine höhere Komplexität der Software, wodurch die Implementierung solcher Systeme signifikant erschwert wird.[10]

Im Kontext der Standardisierung ist zudem die Abhängigkeit vom Softwarelieferanten zu nennen. Hierbei ist diese Abhängigkeit nicht prinzipiell negativ konnotiert, da sich

---

[8] Vgl. Gronau (2010), S. 5.
[9] Vgl. Curran/Keller (1998), S. 398ff.
[10] Vgl. Blume (1998), S. 49ff.

Unternehmen vermehrt bewusst für eine derartige technologische Abhängigkeit von einem ERP-Anbieter entscheiden. Insbesondere wenn die eigenen Kernkompetenzen nur begrenzt sind, bzw. das Unternehmen es nicht schafft, den Anschluss bei IT-Entwicklungen zu finden, empfiehlt es sich ein Outsourcing zum Spezialisten zu tätigen.[11]

2.2.2 Integration

Innerhalb der Wirtschaftsinformatik bezeichnet der Begriff Integration den Zugang aller Softwarekomponenten und somit aller Funktionsbereiche in einem Unternehmen, unter der Voraussetzung, dass die Software dort eingesetzt wird. Der Zugriff findet auf Datenbanksystemen mit einem zentralen Datenbankmanagement und somit auf einer gemeinsamen Datenbasis statt. Dadurch wird eine hohe Datenkonsistenz garantiert und Redundanzen in der Datenhaltung werden vermieden. Neben der Abbildung von Prozessen werden zudem die Voraussetzungen für das *Realtimeprocessing* geschaffen, in dem eine dialogartige Kommunikation zwischen Nutzer und System in Echtzeit ermöglicht wird.[12]

Simultan findet hierbei ein Anstieg der Anforderungen an den Anwender bezüglich der Datenpflege statt. Eine tägliche Auseinandersetzung mit den Stamm- und Bewegungsdaten ist hierbei unausweichlich, da dies essenziell für die Gewährleistung der Funktionsfähigkeit des Systems ist.[13]

Die zentrale und kooperative Datenhaltung bedingt die Befolgung bestimmter Datenstandards in allen Unternehmensbereichen bzw. die Benutzung gemeinsamer Feldcodierungen. Dadurch soll eine zügige und simple Informationsübermittlung in allen Prozessen eines Unternehmens ermöglicht werden. Durch den Einsatz einer gemeinsamen Datenbasis wird die manuelle Informationsübersetzung redundant, wodurch Fehler in der Übersetzung vermieden und Bearbeitungszeiten reduziert werden können. Die direkte Kommunikation zwischen Unternehmenseinheiten trägt zu einer sinkenden Anzahl an Medienbrüchen bei.[14]

Die Berücksichtigung solcher Standards kann jedoch auch dazu führen, dass die Abbildung von einigen bereichsspezifischen Prozessen und Strukturen nicht möglich ist, da die dafür notwendigen individualisierten Strukturen und Prozesse sowie individuellen Datenstrukturen fehlen. Restriktionen für die Organisationsgestaltung können daraus resultieren. Wesentlich ist hierbei die Anpassung der Softwareprozesse an die Erfordernisse der unternehmensspezifischen Prozesse über die vom Hersteller konstituierten Grenzen hinaus. Es ist festzuhalten, dass Software- und Prozessanpassungen

---

[11] Vgl. Mauterer (2002), S. 9-10.
[12] Vgl. Mauterer (2002), S. 10.
[13] Vgl. Bancroft/Sprengel/Seip (1998), S.109.
[14] Ebd.

in einem Spannungsfeld stehen. In der praktischen Umsetzung bewegt man sich aus diesem Grund meist innerhalb eines Spektrums zwischen einer umfassenden Anpassung der Prozesse an die Software und einer umfassenden Anpassung der Software an die eigenen Prozesse.[15]

2.2.3 Modularer Aufbau

ERP-Systeme stellen eine Zusammensetzung mehrerer funktionaler Module dar, wobei es jedoch nicht ungewöhnlich ist, innerhalb eines Unternehmens eine autarke Softwarelösung einzusetzen, indem lediglich vereinzelten Modulen implementiert werden. Eine ganzheitliche Abbildung der Geschäftsprozesse durch die integrative Fusion der Komponenten und des damit verbundenen originären Nutzens können lediglich durch die Kombination mehrerer bzw. im Idealfall aller Module realisiert werden. Die Abbildung 2 gibt die Kernfunktionalitäten von ERP-Systemen zusammenfassend wieder. Im darauf folgenden Abschnitt soll diese wissenschaftliche Auseinandersetzung von Gronau kurz wiedergeben geben.[16]

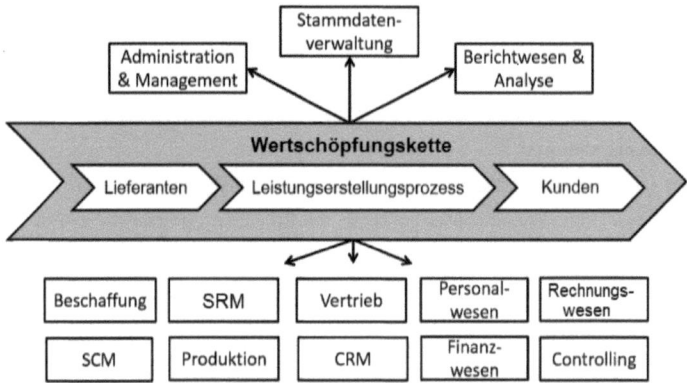

Abbildung 2: Funktionalitäten eines ERP-Systems[17]

Zunächst werden die bereichsbezogenen Kernfunktionalitäten näher erläutert. Das logistische Anwendungsgebiet der Beschaffung setzt sich mit den Prozessen von der Ermittlung des Bedarfs über Materialwirtschaft und Lagerung bis zum Wareneingang und dem tatsächlichen Einkauf auseinander. Die Verwaltung der für die Beschaffung relevanten Lieferquellen und Lieferantenbeziehungen findet im SCM statt. In diesem Konnex ist ebenfalls das *Supplier Relationship Management* (SRM) als Bestandteil von ERP-Systemen zu erwähnen, welches wiederum die zuvor genannten Module des SCM verwaltet. Das Modul Produktion ist insbesondere für gewerbliche Betriebe von

---

[15] Vgl. Mauterer (2002), S. 11.
[16] Vgl. Gronau (2010), S. 11ff.
[17] Eigene Darstellung in Anlehnung an Gronau (2010).

hoher Wichtigkeit, da es eine unterstützende Funktion bei der Ressourcendisposition sowie der Fertigungskoordination übernimmt. Die Abbildung von diversen strategischen Auslegungen innerhalb der Fertigung wie z. B. die Los-, Prozess- oder Serienfertigung ist ein mögliches Vorgehen innerhalb der Produktion. Über den Vertrieb wird die Koordination von Kundennachfragen verwaltet. Konkret umfasst dies die Prozesse von der Auftragsannahme über die Prüfung der Verfügbarkeit bis zum Versand. Die Abbildung und Zusammenfassung der Dokumentation, Verwaltung und Pflege von Kundenbeziehungen wird über das CRM abgewickelt.

Beim Personalwesen handelt es sich um ein unterstützendes Modul, dessen Aufgaben umfangreich gestaltet sind. So gehören zum HR beispielsweise die Personalrekrutierung sowie Personalentwicklung, die Verwaltung von Personaldaten wie auch Gehaltsabrechnungen und Zeitmanagement. Das Finanzwesen ist ebenfalls ein unterstützender Prozess, welches sich primär der Abbildung von Aufgaben zur Erfüllung rechtlicher Auflagen im Sinne des Steuer- und Handelsgesetzes auseinandersetzt wie z. B. die Verwaltung von Kreditoren- und Debitorenbuchhaltung, Anlagenbuchhaltung, Gewinn- und Verlustrechnung sowie Bilanz. Das Controlling als Teil des internen Rechnungswesens begünstigt als Modul die rechnerische Auseinandersetzung der anfallenden Aufgaben innerhalb der Kosten- und Leistungsrechnung sowie der Investitionsrechnung.

Bei den bereichsübergreifenden Kernfunktionalitäten können die zugehörigen Module konzis aufgelistet werden. Die Module umfassen das Projektmanagement sowie das Arbeitsablauf- und Dokumentenmanagement wie auch die unternehmensweite Stammdatenverwaltung, die Datenbankverwaltung und das Berichtswesen zum Zweck der Information und Analyse.

2.3   Organisatorischer Wandel

Ungeachtet dessen, dass es sich bei einem ERP-System lediglich um ein reines Softwarepaket handelt, müssen Unternehmen sich bewusst sein, dass eine ERP-Einführung neben den technischen Änderungen auch unweigerlich ein organisatorisches Umdenken mit sich bringt. Der umfangreiche Funktionsumfang und die Geschäftsprozessorientierung von ERP-Systemen bergen erhebliche Auswirkungen auf die Unternehmenskultur und Organisation.[18]

Nach Venkatraman ist der organisatorische Wandel in fünf Stufen zu untergliedern, welcher in Abbildung 3 zusammenfassend dargestellt wird.

---

[18] Vgl. Davenport (1998), S. 128.

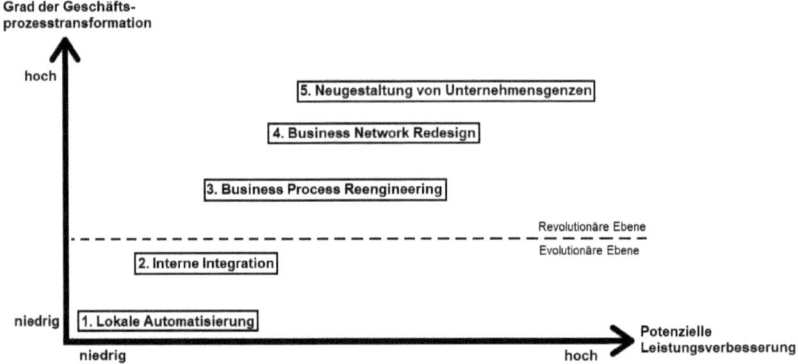

Abbildung 3: Die fünf Stufen der Geschäftstransformation[19]

Die erste Stufe ist die lokale Automatisierung von Unternehmensabläufen, wobei lediglich lokale und unabhängige Abläufe automatisiert werden. Der damit verbundene Aufwand ist minimal und im Resultat ist eine Verbesserung der Geschäftsprozessperformance zu antizipieren. Ähnlich wie bei den meisten Lösungen mit einer hohen Standardisierung sind auch hier die Erfolge innerhalb dieser Stufe simpel zu repetieren. In diesem Sinne ist es nicht sehr wahrscheinlich, dass ein Wettbewerbsvorteil durch die Automatisierung von bestehenden Abläufen generiert werden kann.

Die interne Integration von vorhandenen Geschäftsprozessen mit den Informationssystemen, die in einem Unternehmen vorhanden sind, zielt auf den Erhalt eines Wettbewerbsvorteils ab. Bei der dafür notwendigen Integration muss berücksichtigt werden, dass diese nicht nur auf technischer, sondern auch auf organisatorischer Ebene sich ereignet. Dabei müssen bei Notwendigkeit auch stets Mitarbeiter aus unterschiedlichen Abteilungen zusammenarbeiten, um gemeinsame Ziele zu realisieren. Innerhalb der Strategie sind ebenfalls Integrationsbestrebungen neben der verfolgten Automatisierung notwendig. Es bleibt jedoch in beiden Varianten die Geschäftsprozessstruktur von den Modifikationen unbeeinträchtigt.

Das *Business Process Reengineering* (BPR) stellt die dritte Stufe dar und umfasst die teilweise bzw. komplette Umgestaltung von Geschäftsprozessen. Neben den Unternehmensabläufen ist zudem noch die organisatorische Struktur davon betroffen. Da primär im Konnex von ERP-Einführungen häufig von BPR gesprochen wird, wird im Anschluss die Thematik separat behandelt.

Die vierte Stufe ist das *Business Network Redesign*. Es betrifft über die Unternehmensgrenzen fortgehende Änderungen sowie das gesamte Netzwerk von Unternehmensbeziehungen. An dieser Stelle kann hier als Beispiel für die Implementierung die-

---

[19] Eigene Darstellung in Anlehnung an Venkatraman (1994).

ser Strategie EDI (*Electronic Data Interchange*) genannt werden. Die Realisation einer Geschäftsprozessintegration basierend auf einem kontinuierlichen Informationsaustausch und dem gemeinsamen Nutzer von Kompetenzen ist jedoch mit einem höheren Arbeitsaufwand verbunden. Statt der Implementierung von teuren Lösungen für eine vertikale Integration kann jeder Partner unter diesen Bedingungen die Kompetenzen des Netzwerks nutzen.

Letzte Stufe stellt die Neugestaltung von Unternehmensgrenzen durch Schaffung von interorganisationaler Beziehungen dar. Der Einsatz von IT ermöglicht in diesem Zusammenhang die Neugestaltung der Wettbewerbsumgebung basierend auf interorganisationaler Beziehungen wie beispielsweise Joint Ventures, Lizenzvereinbarungen oder Langzeitverträge.

Ein ERP-System stellt prinzipiell das Abbild einer Sammlung von bestmöglichen Unternehmensprozessen dar, wodurch Arbeitsschrittabfolgen und damit einhergehend die Arbeitsweise des Nutzers weitestgehend vorgegeben ist. Eine Anpassung der generalisierten Prozesse an das operative Geschäft ist zwar möglich, jedoch ist die einfache Installation und Konfiguration der ERP-Software für eine fehlerfreie Abfolge der individuellen technischen Komponenten meist nicht ausreichend. Unternehmen präferieren es zunehmend im Rahmen von ERP-Projekten Geschäftsprozesse neu zu gestalten durch den Einsatz des *Business Process Reengeneerings*. Beim BPR ist es beabsichtigt, die Informationsübergänge zwischen Funktionsbereichen neu zu modellieren, um die Vorgänge im Betrieb mit den in der IT unterstützenden Prozessen zu harmonisieren.[20]

In Abbildung 4 ist das BPR mit den relevanten Faktoren zusammenfassend dargestellt. Innerhalb der Grafik wird deutlich, dass nicht nur die Umgestaltung der Prozesse von Relevanz ist, sondern darüber hinaus die Maßnahmen innerhalb des BPR auch von weiteren Faktoren und Teilbereichen beeinflusst werden.

Somit ist die Wechselwirkung der Systemlogik mit der Geschäftsausrichtung Stipulation für den Eintritt mannigfaltiger Vorteile von ERP-Systemen. In diesem Konnex ist es essenziell für Entscheidungsträger eines Unternehmens die Zweckmäßigkeit von BPR und die defizitäre Wirkung einer Standardsoftware auf die Wettbewerbsfähigkeit abzuwägen. Die Übertragung von generischen Unternehmensprozessen kann dazu führen, dass vorhandene Wettbewerbsvorteile verloren gehen. Um die Wettbewerbssituation korrekt zu beurteilen, ist es notwendig, individuell bestehende Wettbewerbsvorteile sowie auch die durch die ERP-Implementierung bewältigten Wettbewerbsnachteile zu berücksichtigen.[21]

---

[20] Vgl. Schwarzer/Krcmar (1995), S. 17.
[21] Vgl. Gronau (2012), S. 11.

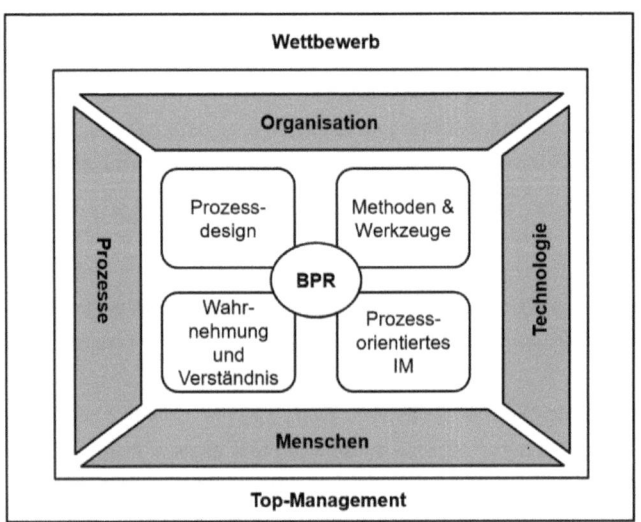

Abbildung 4: Gesamtkonzept für BPR[22]

---

[22] Schwarzer/Krcmar (1995).

3. Einsatz von ERP-Systemen in Unternehmen

3.1 Ziele bei der Einführung von ERP-Systemen

Die Implementierung von ERP-Systemen ist mit einem signifikanten Aufwand verbunden, welcher sich nur dann rechtfertigen lässt, wenn die Unternehmensziele durch die Einführung eines ERP-Systems unterstützt werden. Somit muss das System in der Lage sein die wesentlichen Unternehmensziele Marketing, Innovation und Produktivität positiv zu beeinflussen, damit ein Nutzen aus dem ERP-System gezogen werden kann.

Nach der Einführung des ERP-Systems muss beim Marketing eine bessere und stärker individualisierte Ausrichtung der von den Unternehmen angebotenen Produkte und Dienstleistungen an den Kunden stattfinden. Notwendig sind hierfür die korrekte Identifikation der Kundenerwartungen sowie die zielgerechte Gestaltung der Kundenansprache.

Die bisherigen Kundenaktivitäten mit dem Unternehmen werden innerhalb von konsistenten Kundendaten erfasst, welche nur ermittelt werden können, wenn eine Vermeidung redundanter Daten und eine Beseitigung von Mehrfachnennungen erreicht werden.[23]

Ferner müssen Informationen über die Interaktion des Kunden mit dem Unternehmen innerhalb des ERP-Systems gesichert werden, um die Kommunikation systematisch zu unterstützen. Aus dem Austausch lassen sich Kundenerwartungen, welche implizit oder auch explizit geäußert wurden, ableiten. Notwendig ist eine integrierte Möglichkeit innerhalb des Systems, in dem diverse Kundendaten hinterlegt werden können. Insbesondere Reklamationen tragen einen wertvollen Beitrag dazu bei, da diese nicht zufriedengestellte Kundenerwartungen offenlegen. Somit muss eine umfangreiche Stärkung des gesamten CRM-Prozesses durch den Einsatz von ERP gewährleistet werden.[24]

Die Kundenansprache wird ebenfalls von der Einführung des Systems beeinflusst. Eine zielgerichtete und individuelle Ansprache in Form des Verschickens von Einladungen zu Veranstaltungen, Hinweisen auf aktuelle Angebote, Kampagnen etc. ist essenziell zur Optimierung des Marketings. Eine redundante Kundenansprache kann durch eine systematische Verfügbarkeit, Vollständigkeit und Auswertbarkeit aller Informationen vermieden werden, sodass eine erfolgreich gestaltete Kundenansprache ungehindert erfolgen kann.[25]

---

[23] Vgl. Leiting (2012), S. 54ff.
[24] Ebd.
[25] Ebd.

Ein weiteres Ziel bei der Implementierung von ERP-Systemen ist die Unterstützung neuer Vertriebskanäle. Die Kundenkommunikation wird stetig mobiler und erfolgt größtenteils über das Internet. Dementsprechend steigen die Anforderungen an das System, sodass die Integration von mobilen Endgeräten eine tragende Rolle bei ERP-Systemen einnimmt, da ERP-Systeme die Informationsgrundlage für die Interaktion mit dem Kunden bildet.[26]

Das zweite Unternehmensziel, welches mit der Einführung des ERP-Systems zusammenhängt, sind Innovationen, dessen Fokus sich auf eine kontinuierliche Verbesserung der angebotenen Produkte und Dienstleistungen richtet.

Innovationen sollen aus technischer Sicht durch den Einsatz von ERP-Systemen ermöglicht werden, indem die Software modifizierbar, offen und adaptiv gestaltet wird. Dafür notwendig ist eine aktuelle Struktur aller relevanten Komponenten wie beispielsweise bei rationalen Datenbanken, welche die Basis vieler ERP-Systeme darstellen. Ferner muss die Programmiersprache so gestaltet werden, sodass die Technologie unabhängig vom Hersteller implementiert wird, um die Verknüpfung mit anderen Anwendungen zu ermöglichen. Ein ERP-System, das flexibel und offen gestaltet ist, kann an neue und innovationstreibende Anwendungen mit marginalem Aufwand angekoppelt werden.[27]

Innerhalb der Organisation beeinflusst die Implementierung eines ERP-Systems durch die Qualität der Geschäftsprozesse die Innovationsziele. Das Ziel der Einführung eines ERP-Systems ist die Etablierung von möglichst automatisierter und simpler Abläufe und Prozesse innerhalb eines Unternehmens, wodurch Transparenz, Flexibilität und schließlich eine hohe Geschwindigkeit bei Modifikationen ermöglicht wird. Dies ist Voraussetzung um erfolgreiche Neuerungen, die im Kontext zu den Produkten und Dienstleistungen stehen, schnellstmöglich umzusetzen und somit Wettbewerbsvorteile zu generieren.[28]

In diesem Konnex ist ebenfalls die Etablierung einer hohen Prozessintegration, unter der man das kooperative Gefüge zwischen Prozessbeteiligten mit Unterstützung der IT versteht, von Relevanz. Über die Unternehmensgrenzen findet hierbei eine Integration der Daten, Funktionen und Prozesse statt. Um im übergreifenden Entwicklungsprozess die Systemkomponenten zur Sortenreine zu bringen ist eine feste Integration der Aktivitäten über Produktdaten bzw. über identische Prozesse bei Lieferung und Hersteller unabdingbar.[29]

---

[26] Ebd.
[27] Vgl. Leiting (2012), S. 55ff.
[28] Ebd.
[29] Ebd.

Die Produktivität stellt den dritten Bereich der Unternehmensziele, welcher durch die Einführung eines ERP-Systems maßgeblich beeinflusst wird, dar. Das ERP-System ist in der Lage die Durchlaufzeiten, durch die unternehmensübergreifende Integration von Daten, Prozessen und Systemfunktionen, zu beschleunigen und die Auftragsabwicklung effizient zu gestalten. Die Effizienz der Abläufe wird systematisch durch die aus der Vernetzung von Unternehmensbereichen resultierenden übergreifenden Prozessketten beschleunigt.[30]

Eine Personalreduktion kann durch die Implementierung eines ERP-Systems nicht erzielt werden, da tendenziell eher eine Verlagerung der Tätigkeiten innerhalb der Organisation stattfindet. Die Automatisierung der Prozesse führt nicht zu einem verringerten Aufwand im Unternehmen und somit auch nicht zu einer Reduktion an manueller Arbeit. Vielmehr werden neue Tätigkeiten durch die Einführung für den Abwicklungsprozess wichtig, denen in der Vergangenheit eine nachrangige Bedeutung zugesprochen wurde. Somit ergibt sich an einer anderen Stelle ein höherer Personalbedarf beispielsweise durch den Aufbau einer zentralen Abteilung für die zeitintensive Stammdatenpflege.[31]

In diesem Zusammenhang ist die Reduktion von Lagerbeständen als ein weiteres Ziel bei der Produktionssteigerung zu nennen. Lieferungen können nach dem *Just-in-Time* Prinzip organisiert werden, indem eine Kopplung zu externen Lieferanten vollzogen wird. Dieses Prinzip ermöglicht es, Lagerkosten und Kapitalbindung zu reduzieren, indem die Einzelteile nicht auf Lager bestellt werden, sondern nach einer verbrauchsorientierte Anlieferung organisiert werden. Spezifische Algorithmen, basierend auf aktuellen Bedarfen, ermöglichen es im ERP-System Prognoseinstrumente einzuführen, welche die Bestellflüsse automatisieren.[32]

Ferner sorgt die übergreifende Informationsverknüpfung für ein detailliertes Bestellwesen, wodurch die Produktivität zusätzlich gesteigert wird. Durch diesen Einsatz findet die Aufbereitung großer Informationspakete statt, wodurch eine Optimierung des Ressourceneinsatzes und Anpassung der Ressourcenaufteilung stattfindet. Es findet demnach nicht nur eine Optimierung der zur Verfügung stehenden Informationen statt, sondern auch eine Optimierung des Zugriffs auf die betreffenden Informationen.[33]

---

[30] Ebd.
[31] Vgl. Leiting (2012), S. 57ff.
[32] Ebd.
[33] Ebd.

Zur Konklusion kann ausgesagt werden, dass ERP-Systeme einen signifikanten Einfluss auf das Erreichen der drei entscheidenden Unternehmensziele Marketing, Innovation und Produktivität ausüben. Die Entscheidung zur Implementierung von einem ERP-System muss anhand von unternehmerischen Motiven begründet werden. Die Realisierung von Unternehmenszielen hat Priorität gegenüber dem Vorhaben der technologischen Erneuerung.

3.2   Vorteile durch den Einsatz

Die Entscheidung über die Einführung eines ERP Systems sollte davon abhängig gemacht werden, ob sich mit der Implementierung Wettbewerbsvorteile ergeben, welche beispielsweise die Marktposition des Unternehmens verbessert, die Kundenbedürfnisse stärker befriedigt oder zu einer Verbesserung bzw. Erneuerung von Produkten und Dienstleistungen führt. Demnach sollte die Implementierung eines ERP-Systems bzw. die Ersetzung eines vorhandenen ERP-Systems auf Vorteilen basieren, welche nicht ausschließlich in der Applikation neuer Technologien oder IT-Strukturen wiedergegeben werden. Relevant ist hierbei die strikte Verfolgung der Unternehmensziele.[34]

Unter einem betrieblichen Wettbewerbsvorteil wird hierbei die Fähigkeit eines Unternehmens bezeichnet, einen höheren Geschäftswert als deren Wettbewerber innerhalb des gleichen Marktes zu erzielen. Der Geschäftswert ist die Differenz zwischen dem Nutzen eines von einem Produkt bzw. einer Dienstleistung, welcher vom Kunden wahrgenommen wird, und den Kosten, welche für das Unternehmen zur Erzeugung eines Produktes bzw. einer Dienstleistung anfallen. Kritisch ist es dabei einen Wettbewerbsvorteil zu erzielen, der nicht nur vorübergehend, sondern sich auch dauerhaft und nachhaltig äußert. So ist es in diesem Konnex wichtig, einen Wettbewerbsvorteil zu schaffen, welcher von der Konkurrenz innerhalb eines längerfristigen Zeitraums nicht durchdrungen werden kann, damit dieser nicht imitiert wird.[35]

Bei der Einführung eines ERP-Systems in einem Unternehmen steht dies jedoch im direkten Konflikt zum Ausbau von Wettbewerbsvorteilen. In Anlehnung an die ressourcenorientierte Unternehmensstrategie müssen Ressourcen wertvoll, begrenzt verfügbar und nicht imitierbar sein, um in Wettbewerbsvorteilen zu resultieren. Bei dieser Konzeption wird das ERP-System auch als eine Ressource, durch dessen Nutzung Wettbewerbsvorteile generiert werden können, betrachtet. Für die Bewertung, ob die Implementierung eines ERP-Systems in Wettbewerbsvorteilen mündet, werden die drei Bedingungen einer nutzbringenden Ressource nach Barney und Clark im nachfolgenden Beitrag herangezogen.[36]

---

[34] Ebd., S. 70.
[35] Vgl. Barney/Clark (2009), S. 24f.
[36] Ebd., S. 149ff.

Die erste Bedingung ist, dass die Ressource wertvoll für das Unternehmen sein muss. Konkret bedeutet dies, dass das ERP-System die Unternehmensziele Marketing, Innovation und Produktivität unterstützen muss, um einen Wettbewerbsvorteil zu schaffen. Ressourcen sind wertvoll, wenn durch deren Einsatz eine Steigerung der Effektivität und Effizienz eines Unternehmens stattfindet. Die Implementierung eines ERP-Systems kann die Unternehmensziele und somit die Effektivität und Effizienz von Auftragsabwicklungsprozessen positiv beeinflussen. Indikator dafür ist die Fähigkeit des Systems Kundendaten, integrierte Prozesse, Daten, Funktionen und Durchlaufzeiten zu systematisieren bzw. zu beschleunigen. Dies weist darauf hin, dass durch die Einführung und den Betrieb der Software der Geschäftswert des Unternehmens gesteigert wird, da eine auf schnelleren Durchlaufzeiten basierte Kostensenkung sowie bessere Leistungen durch konsistente Kundendaten erzielt werden.

Zweite Bedingung ist die begrenzte Verfügbarkeit der Ressource bzw. die irreguläre Verteilung der Ressource zwischen Unternehmen, die im Wettbewerb zueinanderstehen. Wenn ein Großteil der Unternehmen dieselbe wertvolle Ressource besitzt, entsteht für ein einzelnes Unternehmen kein Wettbewerbsvorteil, da es für jeden möglich ist, diese Ressource erfolgreich zu implementieren. In diesem Zusammenhang kommt man nicht an der Feststellung vorbei, dass über 80 % der deutschen Unternehmen ein ERP-System einsetzen und diese Ressource somit am Markt generell verfügbar ist. Hier ist es jedoch wichtig bei der Leistungsfähigkeit der Systeme zu differenzieren, da die Technologie, Funktionsabdeckung und der Service des Herstellers nicht gleichermaßen für alle ERP-Pakete ausgeprägt ist. Dies führt insgesamt dazu, dass es als Ressource zur Unterstützung von Unternehmenszielen asymmetrisch zwischen den im Wettbewerb stehenden Unternehmen verteilt ist. Langfristig betrachtet wird sich jedoch mit der zunehmenden Verbreitung von IT-Wissen am Markt, der vorhandene Wettbewerbsvorteil bei der Einführung von ERP-Systemen erodieren.

Letzte Bedingung ist die Imitierbarkeit der Ressource. Das Know-how eines ERP-Systems ist imitierbar, wenn die Einführung der Software standardisiert erfolgt. Mit der steigenden Anzahl an unternehmensspezifischen Anpassungen, welche anderen Unternehmen nicht zur Imitation zur Verfügung stehen, sinkt die Imitierbarkeit der Software. Konkret bedeutet dies, dass eine Abbildung der Kernkompetenzen eines Unternehmens, welche das Unternehmen einzigartig machen und bei der Erzeugung von Produkten und Dienstleistungen unterstützen, im ERP-System notwendig ist, um einen nicht imitierbaren Nutzen zu schaffen. Erfolgreiche Unternehmen unterscheiden sich in ihren Prozessen bewusst von der Konkurrenz und diese Einzigartigkeit muss sich im eigenen ERP-System wiederspiegeln. Bei erforderlichen Änderungen der Kernprozesse besteht die Gefahr, dass die vorhandene Einzigartigkeit verloren geht. Abhängig von diesen Kernprozessen eines Unternehmens und der unternehmensspezifischen Anpassungen des Systems ist der zeitliche Rahmen für die Imitation der Ressource ERP-System für den Wettbewerber entweder kurz oder auch lang anzusetzen. Darauf basierend kann das ERP-System als wertvolle Ressource bezeichnet werden, da sie zur Steigerung der Effektivität und Effizienz eines Unternehmens beitragen kann. Die ideale Software ist jedoch selten sowie nur begrenzt verfügbar und von den im ERP-System eingeführten Kernprozessen eines Unternehmens abhängig. Die Imitierbarkeit des Systems und somit die Übertragbarkeit auf andere Unternehmen hängt davon ab, ob es stark standardisiert oder angepasst ist. Je individueller die Konfigurationen der Software an die Kernprozesse des Unternehmens angepasst sind, desto größer sind die damit verbundenen Wettbewerbsvorteile.

Somit gibt es nach dem ressourcenorientierten Ansatz mit der Implementierung des ERP-Systems keinen universellen Vorteil gegenüber den Wettbewerbern. Vielmehr spricht man hier von einem unternehmensspezifischen Wettbewerbsvorteil, bei dem die große Herausforderung darin besteht, diesen Nutzen nachhaltig zu gestalten, um über eine längere zeitliche Periode diesen zu nutzen.[37]

Mit der steigenden Anzahl an verfügbaren Standardlösungen in der IT, sinkt die strategische Relevanz der IT, da keine grundsätzliche Abhängigkeit zwischen der IT und einer steigenden Leistungsfähigkeit eines Unternehmens existiert. Hingegen haben nachweislich Unternehmen, die über mangelhafte IT verfügen, mit höheren Kosten sowie Wettbewerbsnachteilen zu kämpfen. So ist, bei einem Anteil von 80 % aller deutschen Unternehmen, die ERP-Systeme nutzen, festzuhalten, dass Unternehmen, die kein ERP-System implementieren, Wettbewerbsnachteilen antizipieren müssen.[38]

3.3 Hindernisse bei der Einführung

Diverse unternehmensspezifische Bereiche werden über unterschiedliche Systeme gesteuert und sind dabei im Idealfall durch ein gemeinsames ERP-System verknüpft. In der Einführung und beim Betrieb steigern hochintegrierte ERP-Systeme die Komplexität, da die vom Nutzer erhoffte Fehlerfreiheit in umgekehrter Relation zur erhofften Systemflexibilität steht. So ist auszumachen, dass mit einer steigernden Anpassung der Systemflexibilität auch umgekehrt die umzusetzende Fehlerfreiheit sinkt. Die Herausforderung liegt in der mit der Erstellung einer hochwertigen Standardsoftware verbundenen Komplexitätssteigerung, welche trotz einer hohen Anpassungsfähigkeit noch immer als Standardsoftware betitelt werden kann.[39]

---

[37] Vgl. Leiting (2012), S. 73f.
[38] Ebd.
[39] Vgl. Beard/Sumner (2004), S. 4.

Innerhalb der Implementierung eines ERP-Systems gibt es evidente Hindernisse, welche in konzeptionelle, fachliche, technische und projektsteuernde Barrieren untergliedert werden können und im folgenden Beitrag basierend auf der Ausarbeitung von Leitling näher erläutert werden.[40]

Konzeptionelle Hindernisse sind Schwierigkeiten, die bei der Wahl des Projektrahmens und der Entscheidung zur Vorgehensweise auftreten.

Damit ein Projekt erfolgreich sein kann, muss die gesamte Unternehmensführung sich gemeinsam dafür stark machen, da Uneinigkeit bei dem Projekt ERP-Einführung höchstens zu Teilerfolgen führen kann. Ausgelebte Egoismen kommunizieren den Mitarbeitern eine gewisse Inkonsequenz beim Großunterfangen ERP-Einführung, was sich schädlich beim Wandel äußert, da das Management in der Verantwortung steht, seine Mitarbeiter durch seine bedingungslose Unterstützung bei der Implementierung zu motivieren.

Ferner führt ein Mangel an Transparenz innerhalb der eigenen Prozesse dazu, dass ineffiziente Prozesse nicht neugestaltet werden, wodurch diese bisherigen Geschäftsprozesse im neuen System abgebildet werden. Dies führt unweigerlich dazu, dass die Chancen und Potenziale einer Prozessoptimierung nicht erschlossen werden und hohe Kosten bei der Einführung zu antizipieren sind. Zentral ist hierbei nicht die Verbesserung von Prozessen, sondern ein hoher Grad der Abdeckung der Ist-Prozesse. Zur Vermeidung ist es essenziell das ERP-System basierend auf einem optimierten Unternehmensgefüge aufzubauen.

Auch fachliche Hindernisse sind bei der Einführung von ERP-Systemen zu berücksichtigen.

Bei einer unzureichenden Unterteilung der Prozesskategorien besteht die Gefahr, dass Fachkräfte zu weniger wichtigen Arbeitsgebieten zugeordnet werden, was sich besonders fatal auswirkt, da qualifizierte Projektkräfte nur begrenzt verfügbar sind. In diesem Konnex ist es nicht ungewöhnlich, dass Schlüsselfiguren im ERP-Projekt erst spät oder nicht stark genug eingebunden werden, da sie in verschiedenen Aufgaben eingebunden sind. Somit ist auch die Expertise lediglich in unzureichendem Umfang verfügbar, wodurch die Qualität der Resultate geschädigt und die fristgerechte Einhaltung von Zeitvorgaben gefährdet wird.

Ferner prävalieren die Anforderungen an die Entwicklung meist die verfügbaren Ressourcen. Der Mangel an qualifiziertem Personal für die Umsetzung von Spezifikationsanforderungen führt unweigerlich dazu, dass der Freiraum der optionalen Softwareanpassungen limitiert wird, wodurch die gewünschten Anforderungen nicht umsetzbar

---

[40] Vgl. Leiting (2012), S. 74.

sind. Folglich muss beim ERP-System die Anzahl der Anforderungen gesenkt werden oder sie werden trotz signifikanten Qualitätseinbußen erbracht.

Ein wichtiges Hindernis ergibt sich aus technischer Sicht bei der Auswahl der ERP-Software. Das standardisierte ERP-System muss in der Lage sein die Kern- und Leistungsprozesse des Unternehmens weitestgehend abzudecken, sodass keine erheblichen Anpassungen der Software notwendig sind. Eine Software, die signifikant an die Prozesse des Unternehmens angepasst werden muss, steigert das Fehlerrisiko bei der Umsetzung und ist somit Indikator dafür, dass die Standardlösung des Herstellers nicht unternehmensspezifisch geeignet ist.

Bei der Auswahl des Systems stellt die Prüfung der Kompatibilität mit den Geschäftsprozessen des Unternehmens und die Beurteilung der Flexibilität der Software eine große Schwierigkeit dar. Insgesamt ist in der praktischen Anwendung von ERP-Systemen festzuhalten, dass deren Anpassungsfähigkeit unzureichend ist, wodurch sich interne Änderungen in den Geschäftsprozessen nicht effizient und nur fragmentarisch abbilden lassen.

Die Projektsteuerung als letztes Hindernis, welches an dieser Stelle angeführt wird, ist verantwortlich für den erfolgreichen Durchlauf aller Geschäftsprozesse durch das Zusammenwirken von Prozessen, System und Daten zum Zeitpunkt der Einführung des ERP-Systems. Maßgeblich sind, bei der Bewertung eines Projektteams, die Effizienz der Prozesse, die Fehlerfreiheit der Systemfunktionalitäten und die Konsistenz der Daten.

Insbesondere das Monitoring der kritischen Projektaktivitäten wie die Umsetzung der Unternehmensreorganisation, zeitgerechte Erfüllung von Softwareanpassungen und die Korrektur sowie Überprüfung von Stammdaten ist für die erfolgreiche Projekteinführung unabdingbar.

Innerhalb der Projektsteuerung ist die mangelhafte Einbindung von Experten und Anwendern in den Projektablauf äußerst problematisch, da dies in Konflikten münden kann. Um Ärgernisse, die aus der Leistungserzeugung fernab der Anforderungen des Anwenders resultieren, gegen Projektende zu umgehen, ist es essenziell alle Zwischenergebnisse des Projekts in der Breite zu präsentieren.

Ferner stellen sich die Qualifizierungskonzepte des zuständigen Personals als hinderlich heraus, da diese oftmals zu generisch gestaltet werden und somit nicht adäquat die Unternehmensspezifikationen adressieren. Die vom Softwarehersteller eingesetzten Trainer haben häufig kein vertiefendes Verständnis über die Unternehmensspezifika. Dies führt unweigerlich zu Qualitätsverlusten beim Wissenstransfer an den Nutzer und resultiert in einem gravierenden Bedarf an Unterstützung nach der Einführung des ERP-Systems.

3.4 Allgemeiner Nutzen von ERP-Systemen

Die Vorteile, welche sich durch den Einsatz von einem ERP-System, trotz der damit verbundenen technischen und organisatorischen Schwierigkeiten, ergeben, werden innerhalb von drei verschiedenen Nutzenkategorien im folgenden Beitrag vorgestellt. Strategie und Management stellt die erste Nutzenkategorie dar. Zuvor unterteilte Betriebsabläufe mit Mehrfachaufwand werden fundierend auf optimierten Prozessen reorganisiert. Das neuerschaffene Organisationssystem stellt eine hohe Stabilität bereit. Anhand von analogen Strukturen können dadurch eindeutige Kompetenzen festgelegt werden. Die Genauigkeit der Pläne wird sichergestellt und die Vermeidung von organisatorischem Konfliktpotenzial wird ermöglicht. Ferner trägt die Anpassung, Dokumentation und Modellierung von Arbeitsfolgen zu einem optimierten Geschäftsverständnis bei und vorhandenes Wissen wird zudem in einer verständlichen Form bereitgestellt. Ein zusätzlicher Nutzen, welcher sich durch die Einführung eines ERP-Systems ergibt, ist die optionale Kennzahlenbildung und Analyse des kongruenten Datenbestands. Derartige Auswertungen begünstigen eine Informationsfindung mit hoher Präzision und treiben die Fähigkeit, Entscheidungen basierend auf Fakten zu treffen, voran.[41]

ERP-Systeme, als sogenannte *Enabler* der unternehmensübergreifenden Kommunikation, fördern zudem Kooperationen im technischen Bereich sowie auch die Unternehmensstrategie indem gesamte Wertschöpfungsketten vom Lieferanten bis zum Kunden abgebildet und integriert werden. Unternehmen können zudem durch den Einsatz von innovativen und agilen Technologien Unternehmensabläufe weiter optimieren, indem SCM- und CRM-Prozesse direkt eingebunden und automatisiert ausgeführt werden. Insgesamt ermöglicht es, der Einsatz einer ERP-Lösung die anfänglichen Hürden innerhalb des E-Business zu reduzieren.[42]

Die zweite Nutzenkategorie ist die operative Leistungsfähigkeit. Standardisierung und Integration von Geschäftsprozessen über die gesamte Wertschöpfungskette führt unweigerlich zu einer erhöhten Produktivität des betrieblichen Geschäfts. Der Aufwand innerhalb der Datenverarbeitung und Datenaktualisierung an diversen Stellen wird im Betrieb durch den Entfall der redundanten mehrfachen Bearbeitung zerlegter Daten reduziert. Es findet somit eine Verkürzung des Zeitaufwands von der Verarbeitung des Kundenauftrags über die Ressourcenkalkulation bis hin zur Produktion und dem Kundenservice statt. Zusätzlich wird durch den Anstoß von Folgeaktionen die Automatisierung des bereichsübergreifenden Datentransfers ermöglicht, wodurch die Effizienz gesteigert wird, indem die Unternehmensprozesse simplifiziert werden. Die Prozesse werden basierend auf einem ganzheitlichen Datenbestand qualitativ verbessert z. B. in

---

[41] Vgl. Holsapple/Sena (2005), S. 576f.
[42] Vgl. Scheer/Habermann (2000), S. 57ff.

Form einer verringerten Fehlerrate beim Zeitpunkt der Bestellung, einer ungefährdeten Ressourcendisposition und einer höheren Zufriedenheit der Kunden. Resultierend aus der höheren Prozesstransparenz bekommt das Unternehmen einen präziseren Einblick in die Unternehmensprozesse und Durchlaufzeiten. In diesem Zusammenhang wäre es denkbar weitere Optimierungen in Form von beschleunigten Durchlaufzeiten zu verwirklichen. Basierend auf der schnelleren Bearbeitung der erforderlichen Arbeitsschritte steigt die Kundenzufriedenheit bzw. sinken die Kosten weiter. Einzelne Schritte werden dabei im Prozessablauf zum optimalen Zeitpunkt ausgeführt. Die Mitarbeiter werden entlastet, indem sie durch den Einsatz eines vordefinierten Arbeitsablaufs ihre Arbeit effizient planen und absolvieren können. Somit wird auch das Personal durch den Einsatz des ERP-Systems bei der Bewältigung der betrieblich anstehenden Aufgaben unterstützt.[43]

Die letzte Nutzenkategorie stellt der ökonomische Fortschritt dar. Zwar ist die Einführung eines ERP-Systems mit einem hohen Kostenaufwand verbunden, jedoch lässt sich feststellen, dass die Kosten, welche bei dem laufenden Betrieb des Systems anfallen, bei erfolgreicher Implementierung und Inbetriebnahme im Regelfall langfristig sinken. Insbesondere die IT-Kosten für Service werden reduziert, da nur noch ein einziges Anwendungssystem gepflegt werden muss und der Aufwand, welcher mit einer Mehrzahl an getrennten Systemen anfällt, wegfällt. Es muss mit minimalen Inventarkosten gerechnet werden, da die Automatisierung der Bestandskontrolle sowie die Integration des Mahnwesens in einem gleichförmigen Bestand resultieren. Ferner führen Zeitersparnisse innerhalb des Wertschöpfungsprozesses zu weniger operativen Kosten. Der Nutzen eines ERP-Systems muss über einen größeren Zeitraum von mehreren Jahren betrachtet werden, da das gesamte Nutzenpotenzial der Software erst zu einem späteren Zeitpunkt ausgeschöpft werden kann. In Abbildung 5 wird die Systemperformance eines ERP-Systems innerhalb des Zeitablaufs grafisch zusammengefasst.[44]

Das Nutzenpotenzial eines ERP-Systems steht in direkter Korrelation zum Erfolg bei der Einführung des ERP-Systems, welches Finanzmittel und Personalkapazitäten in einem hohen Maß über eine längerfristige zeitliche Periode beansprucht. So führt eine defizitäre Implementierung insbesondere bei Unternehmen mit limitierten Ressourcen zu gravierenden Folgen und kann zu einem Verlust der Wettbewerbsfähigkeit des Unternehmens führen.[45]

[43] Vgl. Martin et al. (2002), S. 113.
[44] Vgl. Kale et al. (2010), S. 776f.
[45] Vgl. Al-Mudimigh et al. (2001), S. 216ff.

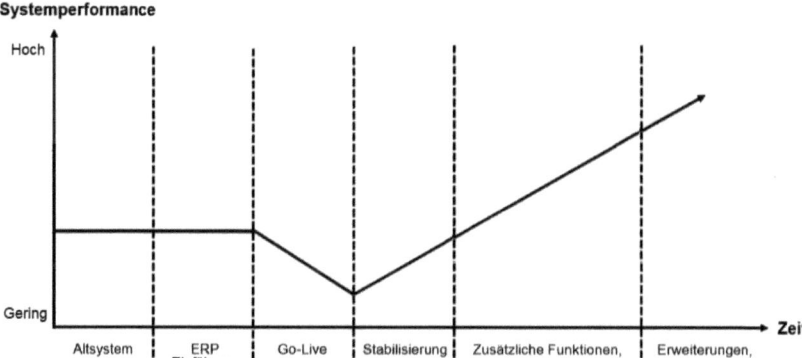

Abbildung 5: Verlauf der Systemperformance eines ERP-Systems[46]

---

[46] Eigene Darstellung in Anlehnung an Willis/Willis-Brown (2002).

4. Nutzen von ERP-Systemen am Beispiel SAP

4.1 Überblick über das SAP ERP-System

ERP-Systeme werden am Markt von diversen Herstellern angeboten und sind zahlreich innerhalb der IT-Landschaft anzutreffen. Das Unternehmen SAP SE ist nach dem Umsatz der größte europäische Softwarehersteller, weshalb es für die Ermittlung des Nutzens als repräsentatives Beispiel eines ERP-Systems dient. Das nachfolgende Kapitel setzt sich mit der Architektur des ERP-Systems von SAP auseinander und stellt entsprechende Nutzenkategorien auf, um den Nutzen von ERP-Systemen zu systematisieren.

Das ERP-System von SAP kann in drei wesentliche Komponenten unterteilt werden und hat somit eine klassische Drei-Schicht-Architektur. Die erste Komponente stellt das Programm *SAPGui* oder ein *Web Browser* da, in dem die Präsentation von Daten stattfindet. Ferner werden in einem SAP-Applikationsserver die Daten verarbeitet und die letzte Komponente stellt eine relationale Datenbank, welche für die Speicherung der Daten zuständig ist, dar.[47]

Prinzipiell gibt es lediglich die zwei Komponenten SAPGui und der Web Browser, mit denen Daten aus dem ERP-System von SAP grafisch dargestellt werden können. Das proprietäre Programm SAPGui wird von SAP entwickelt und vertrieben. Bei dem Programm handelt es sich, aufgrund der zahlreichen in dem SAPGui enthaltenden Funktionsmodule, welche zur Handhabung diverser Funktionen aus dem ERP-System dienen, um eine Fat Client Anwendung. Der Zugriff auf Daten ist neben dem SAPGui auch über einen Web Browser möglich.[48]

Innerhalb der Verarbeitungsschicht befinden sich ein ABAP und ein *Java* Applikationsserver. Die beiden Applikationsserver sind hierbei voneinander unabhängig. *Advanced Business Application Programming* (ABAP) signifiziert neben dem Applikationsserver auch die proprietäre Programmiersprache. In diesem Konnex wird auch synonym zum ABAP-Applikationsserver die Begrifflichkeit *ABAP-Stack* genutzt.[49]

In den späten 1990er Jahren wurde parallel zum *ABAP-Stack* auch der Java-Applikationsserver eingeführt, welcher ebenfalls als *Java-Stack* bezeichnet wird. Hierbei handelt es sich um einen komplett autarken Applikationsserver, welcher die Programmiersprache *Java* beansprucht. Die beiden Applikationsserver können miteinander koexistieren, das heißt, es kann somit zwei Stacks parallel geben. Man spricht in diesem Zusammenhang auch von einem Dual-Stack.[50]

---

[47] Vgl. Bögelsack (2012), S. 41.
[48] Vgl. Gradl et al. (2009), S. 87ff.
[49] Vgl. Bögelsack (2012), S. 42.
[50] Ebd.

Dritte Komponente stellt wie zuvor erwähnt ein relationales Datenbankmanagement-system (DBMS) dar. Das DBMS muss nicht spezifisch auf den Betrieb von SAP adaptiert werden. Um dem Kunden es zu ermöglichen möglichst alle Datenbanken nutzen zu können bemüht sich SAP darum, unabhängig von einem DBMS zu sein. Es sind jedoch lediglich vereinzelte DBMS für den erfolgreichen Einsatz zertifiziert. Für jede Datenbank gibt es ein *Datenbankinterface*, über welchem die Kommunikation des ERP-Systems von SAP mit dem DBMS stattfindet.[51]

4.2 Nutzenpotenzial des SAP ERP-Systems

Die Einführung des SAP ERP-Systems ist eine unternehmensweite Änderung, welche nicht nur mit zusätzlichem Aufwand, sondern auch mit Kosten verbunden ist, welche bei der Systematisierung des Nutzenpotenzials der Software berücksichtigt werden müssen.

Neben Kosten für externe Berater fallen zudem Kosten zur Erweiterung der IT-Infrastruktur an, da die Implementierung eines *Client-Server-Modells* bei einem Wechsel von Großrechnersystem mit Hardware-Erweiterungen verbunden ist. An dieser Stelle fallen sinngemäß geringere Kosten für Unternehmen, welche vor der Einführung bereits über eine adäquate IT-Infrastruktur verfügen, an. Die Einführungsphase des Projekts verursacht bei einer durchschnittlichen Laufzeit von etwa einem Jahr höhere Kosten für die Abstellung eigener Mitarbeiter der zuständigen Unternehmensbereiche und für die Informationsverarbeitung. Das operative Handeln im Unternehmen wird zudem negativ beeinflusst, da für die Abbildung der Unternehmensabläufe und -strukturen innerhalb des SAP ERP-Systems die Bereitstellung von Schlüsselpersonal aus den Fachabteilungen für die Einführungsphase benötigt wird. Weitere zu berücksichtigende Kostenfaktoren sind die Anschaffungs- und Wartungskosten für die Standardsoftware von SAP sowie auch die Kosten für Schulungsmaßnahmen der Endanwender. Insgesamt ist damit ein hoher Kostenaufwand verbunden, jedoch spielt es langfristig eine untergeordnete Rolle.[52]

Vor der Ableitung der Nutzenkategorien des ERP-Systems von SAP ist es notwendig, den Begriff „Nutzen von ERP-Systemen" folgendermaßen definitorisch abzugrenzen: „Ein ERP-System bietet nur dann einen Nutzen für ein Unternehmen, wenn es im Vergleich zum Vorgängersystem einen höheren Beitrag zur Erreichung von übergeordneten Unternehmenszielen leistet."[53] Somit führt ein geringerer Beitrag zur Erreichung von Unternehmenszielen umgekehrt zu einer Nutzeneinbuße. Ausgehend von dieser

---

[51] Ebd.
[52] Vgl. Gadatsch (2008), S. 353.
[53] Mauterer (2002), S. 65.

begrifflichen Abgrenzung können fortan die relevanten Nutzenkategorien abgeleitet werden.

Zur Beurteilung des Nutzenpotenzials wird an dieser Stelle auf das Effizienzkonzept von Frese und v. Werder zurückgegriffen, welches als organisationstheoretisches Konzept einen guten Überblick zu den Auswirkungen von organisatorischen Maßnahmen auf die Unternehmensziele wiedergibt.[54]

Somit entsprechen die von Frese und v. Werder definierten Teilziele Prozess-, Markt-, Ressourcen-, Delegations- und Motivationseffizienz auch simultan den Nutzenkategorien. Hierbei herrschen keine bedingten Beziehungen zwischen den einzelnen Kategorien, sodass die Ziele untereinander bei der Erfüllung miteinander konkurrieren bzw. sich komplementieren.[55]

Das erste Effizienzkriterium ist die Prozesseffizienz, welche vorrangig die Fähigkeit eines Betriebs bewertet, inwiefern die Geschäftsprozesse unter Berücksichtigung der Variablen Kosten, Zeit und Qualität optimiert werden können. Es geht konkret um die Optimierung der Liefertermintreue oder auch die Reduzierung der Auftragsdurchlaufzeit. Beim Verkauf von ERP-Systemen erweist sich die Verbesserung der Prozesseffizienz häufig als Hauptargument von Herstellern wie SAP. In der Literatur wird argumentiert, dass ERP-Systeme speziell Unternehmen bei der Optimierung der implementierten Prozesse unterstützen, da das im ERP-System integrierte Referenzmodell als bestmögliche Umsetzung betrachtet wird.[56]

Bei der praktischen Einführung des SAP ERP-Systems lässt sich bei der Prozesseffizienz feststellen, dass sehr starke Verbesserungen in dieser Effizienzkategorie zu erkennen sind. Innerhalb des Managements führt die Automatisierung von Prozessen und ESS (*Emplee Self Services)* insgesamt zu einem verbesserten Reporting und damit zu einer optimierten Integration der Prozesse. Insbesondere Durchlaufzeiten werden nachweislich durch die Einführung reduziert. Wenn man die Prozesse näher betrachtet, welche im Unternehmen optimiert werden, dann erkennt man, dass diese stark mit der Liefertreue zusammenhängen. In diesem Konnex werden vereinbarte Termine und Kundenwünsche verstärkt eingehalten. Ferner wird eine Simplifizierung bei der Implementierung zusätzlicher Technologien, als ergänzende Elemente des Hauptsystems, realisiert. Damit verbunden steigt die Prozessflexibilität und Prozesstransparenz eines Unternehmens, welches SAP ERP implementiert.[57]

Zweites Kriterium ist die Markteffizienz, welche sich auf das Nutzen von Opportunitäten auf den externen Absatz- und Beschaffungsmärkten bezieht und sich somit auf den Kunden und den Markt orientiert. Primär handelt es sich hierbei um die koordinierte

---

[54] Vgl. Frese/v. Werder (1993), S. 1-50.
[55] Vgl. Martin et al. (2002), S. 111.
[56] Ebd.
[57] Ebd., S. 112f.

Präsentation gegenüber Kunden und Lieferanten. Auf der Kundenseite kann das Ziel beispielsweise durch die Verbesserung von Produkten und Dienstleistungen hinsichtlich Preis oder Qualität verfolgt werden. Auf der Seite der Lieferanten kann eine Optimierung der Zusammenarbeit mit Lieferanten oder der Konzentration der Nachfrage angestrebt werden, um die Marktmacht zu stärken. Die IT hat hierbei großen Einfluss auf den Kundenservice sowie Dienstleistungen.[58]

Die ERP-Lösung von SAP bietet den Kunden einen umfangreichen Service. Es lässt sich feststellen, dass insbesondere die Kundenzufriedenheit steigt basierend auf einer höheren Transparenz und Automatisierung von Prozessen. Zudem werden Bemühungen angestellt, um die Kosten insgesamt zu senken.[59]

Weiteres Kriterium ist die Ressourceneffizienz, bei der primär die Ressourcennutzung in Form von Kapitel, Anlagen, Gebäude, Maschinen und Personen betrachtet wird. Eine Optimierung der Ressourceneffizienz kann durch eine Verbesserung der Kapazitätsauslastung innerhalb der Produktion, Personalkürzungen bei konstanter Ausbringungsmenge oder Lagerbestandsreduzierungen erreicht werden. Unter der Ressourceneffizienz sind simultan auch die ökonomischen Begriffe Produktivität und Wirtschaftlichkeit zu assoziieren.[60]

In der Praxis lässt sich feststellen, dass signifikante Lagerbestandsreduzierungen durch die vom SAP ERP-System gestützten Prognosen realisieren lassen. Zusätzlich werden für die Analyse zur Optimierung der Produktivität die erforderliche Informationsbasis sowie Planungs- und Steuerungsfunktionen geliefert. Ferner tragen die verringerten Durchlaufzeiten zu einer besseren Auftragssteuerung und zu reduzierten Beständen bei.[61]

Bei dem Effizienzkriterium der Delegationseffizienz handelt es sich zentral um die Nutzung des Problemlösungspotenzials rangübergeordneter Einheiten. Um das Potenzial jedoch zu nutzen, treten Kosten der Informationsaufbereitung und Informationsweitergabe von den rnaguntergeordneten Einheiten an die rangübergeordneten Einheiten auf. Diese resultierenden Kosten können gesenkt werden, indem die ERP-Lösung eine Erhöhung der Geschwindigkeit, Qualität, Reliabilität und unternehmensweiten Vergleichbarkeit von Reports und Analysen, die auf der IT beruhen, ermöglicht.[62]

Durch SAP erhalten Unternehmen verbesserte Informations- und Reportingmöglichkeiten. Es wird beispielsweise die Auswertung der Produktionsfehler auf globaler Ebene ermöglicht oder auch die lückenlose Rückverfolgung von Belegflussketten. Strategisch gesehen ergeben sich auch hier Optimierungspotenziale mittels des Einsatzes der

---

[58] Ebd.
[59] Vgl. Buchta et al. (2004), S. 25f.
[60] Ebd.
[61] Ebd.
[62] Vgl. Martin et al. (2002), S. 111ff.

Software durch den globalen Zugriff auf die gleiche Datenbank. *Reports*, welche auf strategischer Ebene für das gesamte Unternehmen von Bedeutung sind, können nun auf demselben System generiert, konkludiert und bereitgestellt werden. In der praktischen Umsetzung ergeben sich jedoch auch Schwierigkeiten durch die Einführung innerhalb dieses Kriteriums. So lässt sich festhalten, dass insbesondere die Terminologie von SAP dem Nutzer problematisch auffällt und zudem in manchen Bereichen ein Informationsüberfluss festzustellen ist. Bei zu vielen verfügbaren Kennzahlen werden bzw. können nicht alle einbezogen werden.[63]

Die letzte Nutzenkategorie ist die Motivationseffizienz, welche sich speziell mit der Ebene der Mitarbeiter beschäftigt. Es handelt sich hierbei um die Fähigkeit eines Unternehmens, die Diskrepanz zwischen den Zielen der Organisation und der Mitarbeiter zu überbrücken, indem innerhalb des Unternehmens die Voraussetzungen für ein unternehmenszielkonformes Handeln des Personals geschaffen werden. Innerhalb der Literatur haben sich im Konnex der Auswirkungen der IT auf der Mitarbeiterebene eigene Forschungszweige wie beispielsweise die Akzeptanzforschung und *Political Research* herausgebildet.[64]

Bei der Implementierung des SAP ERP-Systems müssen die damit verbundenen Auswirkungen auf die Mitarbeiterebene differenziert werden. Die Auswirkung auf die Motivation der Mitarbeiter muss individuell abhängig von der grundsätzlichen Arbeitseinstellung und des Aufgabenbereichs gemacht werden. Konkret lässt sich jedoch feststellen, dass die Mitarbeiter, die das System zur Informationsgewinnung verwenden einen höheren Nutzen aus der SAP-Software ziehen, als Mitarbeiter, die es zur Dateneingabe und Datenpflege benutzen. In diesem Konnex lassen sich auch bei der Einführung Akzeptanzprobleme feststellen, die aus einer empfunden Komplexität und Unübersichtlichkeit des Systems resultieren. Eine höhere Arbeitsbelastung geht aus der Notwendigkeit heraus, bestimmte Datenstandards kohärent beizubehalten. Die Motivationseffizienz ist stark von den Änderungen bei der operativen Arbeit sowie der Regelmäßigkeit der Nutzung des Systems abhängig zu machen.[65]

Konkludierend kann ausgesagt werden, dass durch die Einführung des SAP-Systems sich erhebliche Nutzenpotenziale realisieren lassen. Eine Optimierung der Planung, Steuerung und Kontrolle der betrieblichen Geschäftsprozesse sowie eine einheitliche Datenbasis können an dieser Stelle genannt werden wie auch die optimierte Flexibilität hinsichtlich einer Anpassung der Informationssysteme und Geschäftsprozesse an geänderte Anforderungen. Ferner werden die betrieblichen Geschäftsprozesse qualitativ verbessert und die dortigen Durchlaufzeiten verkürzt.

---

[63] Ebd.
[64] Ebd.
[65] Ebd.

5. Schlussbetrachtung

5.1 Fazit

Die vorliegende Arbeit hat sich mit der Systematisierung des Nutzens von ERP-Systemen am praktischen Beispiel SAP beschäftigt. Zentral ist hierbei die Betrachtung, ob die Implementierung des ERP-Systems einen höheren Beitrag zur Erzielung von übergeordneten Unternehmenszielen leistet als ein vorheriges System. Dazu wurde das Effizienzkonzept von Frese und v. Werder zur Identifikation der relevanten Unternehmensziele genutzt.

Zum einen konnte gezeigt werden, dass die wichtigsten, innerhalb der praktischen Umsetzung, vorkommenden Nutzenpotenziale durch das angewandte Nutzenkonzept erfasst wurden. Ferner konnte festgestellt werden, dass die Nutzenaspekte durch die Einführung eines ERP-Systems wie das von SAP tatsächlich beeinflusst werden. Weiterhin stehen die Ziele nicht in einer neutralen Beziehung zueinander.

Bei der Systematisierung der Nutzenkategorien und der Gegenüberstellung der Kosten fiel bei der praktischen Umsetzung auf, dass insbesondere die Prozess-, Markt-, Ressourcen-und Delegationseffizienz erheblich durch die Einführung eines ERP-Systems positiv beeinflusst werden. Hingegen ist die Motivationseffizienz sehr stark von dem Aufgabengebiet des zuständigen Personals und der individuellen Arbeitseinstellung sowie der aufgabenentsprechenden Adaptierung des Systems abhängig, inwiefern positive oder auch negative Entwicklungen hinsichtlich der Akzeptanz und Motivation festzustellen sind.

An dieser Stelle sei zu berücksichtigen, dass die in dieser Arbeit geschilderten positiven Entwicklungen auf in der Unternehmenspraxis umgesetzten Fallstudien basieren.[66] Unternehmen, welche mit der Einführung eines ERP-Systems von SAP neutrale oder auch negative Erfahrungen gemacht haben, stellten sich nicht bereit diese Nutzeneinbußen zu publizieren. Somit ist zwar die Systematisierung des Nutzens anhand eines Indikatorensystems gelungen, jedoch bleibt der Nutzen numerisch nicht quantifizierbar.

Bei der Beantwortung der Leitfrage, inwiefern der Nutzen von ERP-Systemen systematisiert und maximiert werden kann, lässt sich feststellen, dass das vorgestellte Nutzenkonzept basierend auf dem organisationstheoretischen Effizienzkonzept von Frese und v. Werder sich gut für eine differenzierte Nutzenuntersuchung eignet. Innerhalb der Ausarbeitung konnten viele der verorteten Nutzenpotenziale durch die Standardisierung und Integration des ERP-Systems realisieren lassen. Eine höhere Flexibilität des Systems ermöglicht es, einen zusätzlichen Nutzen zu realisieren, jedoch steigen damit simultan die Anforderungen an die Datenstruktur, wodurch Nutzeneinbuße bei der Mo-

---

[66] Vgl. Mauterer (2002), S. 3.

tivationseffizienz zu antizipieren sind. Somit fällt bei der Einführung des ERP-Systems auf, dass die Steigerung des Nutzenpotenzials an einer Stelle zu einem Nutzenverlust an einer anderen Stelle führen kann.

Um den Nutzen von ERP-Systemen zu maximieren, ist es empfehlenswert sich als Unternehmen speziell innerhalb der Einführungsphase nicht auf das Ausschöpfen aller technischen Möglichkeiten, welche mit einem ERP-System einhergehen, zu fokussieren. Die Fixierung auf technischen Perfektionismus führt umgekehrt zu einer höheren Nutzeneinbuße. Vielmehr sollte besonders bei der Implementierung der Fokus auf der Motivationseffizienz liegen. Sowohl von Beratungsagenturen der IT als auch von Herstellern der ERP-Systeme müssen Optimierungen bezüglich des Erlangens der Akzeptanz und Motivation des Personals gefordert werden. Durch eine Sensibilisierung zu den Auswirkungen spezifischer Personalmaßnahmen sowie eine höhere Kommunikation der anstehenden Veränderung im operativen Betrieb und die Vorbereitung auf die Systemkomplexität können als präventive Maßnahmen dazu beitragen, die Nutzerakzeptanz zu erhöhen und so den Nutzen von ERP-System zu maximieren.

5.2 Ausblick

Neben dem organisatorischen und technischen Nutzen, welcher in Zukunft sich weiter erhöhen wird, sind auch höhere Nutzenpotenziale für den Anwender zu antizipieren.

Die Hauptaufgabe liegt darin, das Kundenvertrauen zu gewinnen, da der Nutzen des ERP-Systems allein von der Benutzerakzeptanz abhängig zu machen ist. Innerhalb von Studien muss man sich intensiver mit der Motivationseffizienz auseinandersetzen, sodass eine Quantifizierung der Effektivität von diversen Maßnahmen zur Steigerung der Nutzerakzeptanz ermöglicht wird.

Der Nutzen von ERP-System lässt sich zudem nicht, wie hier exemplarisch ausgeführt, pauschalisieren. Hierbei gibt es einen zusätzlichen Bedarf an empirischer Forschung, welcher im Umfang dieser Arbeit nicht adäquat wiedergegeben werden kann. In Zukunft müsste auch abhängig von der Branche, der Unternehmensgröße, dem ausgewählten ERP-System und des Moduleinführungsumfangs der Nutzen von ERP-Systemen ermittelt werden.

6. Quellen- und Literaturverzeichnis

Al-Mudimigh, A.; Zairi, M.; Al-Mashari, M.: ERP software implementation: an integrative framework, in: European Journal of Information Systems, Vol. 10 Nr 4, S. 216-226, 2001.

Bancroft, N.H.; Sprengel, A.; Seip, H.: Implementing Sap R/3 : How to Introduce a Large System into a Large Organization, 2. Auflage, New Jersey 1996.

Barney, J.B.; Clark, D.N.: Resource-based theory, creating and sustaining competitive advantage, New York 2009.

Beard, J.W.; Sumner, M.: Seeking strategic advantage in the post-net era: viewing ERP systems from the resource-based perspective, in: The Journal of Strategic Information Systems, Vol. 13 Nr. 2, S. 129-150, 2004.

Blume, A.: Projektkompass SAP, Wiesbaden 1998.

Bögelsack, A.: Performance und Skalierung von virtualisierten SAP-ERP-Systemen, in Krcmar, H. (Hrsg.): Informationsmanagement und Computer Aided Team, Wiesbaden 2012.

Buchta, D.; Eul, M.; Schulte-Croonenberg, H.: Strategisches IT-Management: Wert steigern, Leistung steuern, Kosten senken, 1. Auflage, Wiesbaden 2004.

Curran, T.A.; Keller, G.: SAP R/3 Business Blueprint: Business Engineering mit den R/3-Referenzprozessen, Boston 1998.

Davenport, T.H.: Putting the enterprise into the enterprise system, in: Harvard Business Reviews, Vol. 76 Nr. 4, S. 121-131, 1998.

Frese, E.; v.Werder, A.: Zentralbereiche: Organisatorische Formen und Effizienzbeurteilung, in: Frese, E.; Werder, A.; Maly, W. (Hrsg.): Zentralbereiche - Theoretische Grundlagen und praktische Erfahrungen, Stuttgart 1993.

Gadatsch, A.: Grundkurs Geschäftsprozess.Management- Methoden und Werkzeuge für die IT-Praxis: Eine Einführung für Studenten und Praktiker, 5. Auflage, Wiesbaden 2008.

Gradl, S.; Bögelsack, A.; Wittges, H.; Krcmar, H.: Layered Queuing Networks for Simulating Enterprise Resource Planning Systems, in: Proceedings of the 7th International Workshop on Modelling, Simulation, Verification and Validation of Enterprise Information Systems, S. 85-92, Mailand 2009.

Gronau, N.: Enterprise Resource Planning: Architektur, Funktionen und Management von ERP-Systemen, 2. Auflage, München 2010.

Gronau, N.: Handbuch der ERP-Auswahl, Berlin 2012.

Gupta, J.N.D.; Rashid, M.A.; Sharma, S.K.: Enterprise Systems, 1. Auflage, London 2008.

Holsapple, C.W.; Sena, M.P.: ERP plans and decision-support benefits, in: Decision Support Systems, Vol. 38 Nr. 4, S. 575-590, 2005.

Kale, P.T.; Banwait, S.S.; Laroiya, S.C.: Performance evaluation of ERP implementation in Indian SMEs, in: Journal of Manufacturing Technology Management, Vol. 21 Nr. 6, S. 758-780, 2010.

Kurbel, K.: Enterprise Resource Planning und Supply Chain Management in der Industrie, 7. Auflage, München 2010.

Leiting, A.: Unternehmensziel ERP-Einführung: IT muss Nutzen stiften, Wiesbaden 2012.

Martin, R.; Mauterer, H.; Gemünden, H.G.: Classifying the benefits of ERP systems in the manufacturing industry in: Wirtschaftsinformatik, Vol. 44 Nr. 2, S. 109-116, 2002.

Mauterer, H.: Der Nutzen von ERP-Systemen: Eine Analyse am Beispiel von SAP R/3, 1. Auflage, Wiesbaden 2002.

Scheer, A.W.; Habermann, F.: Enterprise resource planning: making ERP a success, in: Communications of the ACM, Vol. 43 Nr. 4, S. 57-61, 2000.

Schwarzer, B.; Krcmar, H.: Grundlagen der Prozeßorientierung: Eine vergleichende Untersuchung in der Elektronik- und Pharmaindustrie, 1. Auflage, Wiesbaden 1995.

Venkatraman, N.: IT-enabled business transformation: from automation to business scope redefinition, in: Sloan Management Review, Vol. 35 Nr. 2, S. 73-87, 1994.

Wight, O.: Manufacturing Resource Planning: MRP II – Unlocking America's Productivity Potential, 1. Auflage, New York 1984.

Willis, T.H.; Willis-Brown, A.H.: Extending the value of ERP, in: Industrial Management & Data Systems, Vol. 102 Nr. 1, S. 35-38, 2002.

BEI GRIN MACHT SICH IHR WISSEN BEZAHLT

- Wir veröffentlichen Ihre Hausarbeit, Bachelor- und Masterarbeit

- Ihr eigenes eBook und Buch - weltweit in allen wichtigen Shops

- Verdienen Sie an jedem Verkauf

Jetzt bei www.GRIN.com hochladen und kostenlos publizieren